E. Udayakumar

S. Balamurugan

Princípios e aplicações do processamento de imagens médicas

E. Udayakumar
S. Balamurugan

Princípios e aplicações do processamento de imagens médicas

Reconstrução da superfície cortical em imagens de ressonância magnética

ScienciaScripts

Imprint

Any brand names and product names mentioned in this book are subject to trademark, brand or patent protection and are trademarks or registered trademarks of their respective holders. The use of brand names, product names, common names, trade names, product descriptions etc. even without a particular marking in this work is in no way to be construed to mean that such names may be regarded as unrestricted in respect of trademark and brand protection legislation and could thus be used by anyone.

Cover image: www.ingimage.com

This book is a translation from the original published under ISBN 978-620-2-30312-5.

Publisher:
Sciencia Scripts
is a trademark of
Dodo Books Indian Ocean Ltd. and OmniScriptum S.R.L publishing group

120 High Road, East Finchley, London, N2 9ED, United Kingdom
Str. Armeneasca 28/1, office 1, Chisinau MD-2012, Republic of Moldova, Europe
Printed at: see last page
ISBN: 978-620-7-95602-9

SOBRE O LIVRO

Este livro apresenta um novo sistema para a reconstrução automática de superfícies corticais a partir de imagens de ressonância magnética ponderadas em T1. No centro do sistema está uma estrutura unificada de análise Reeb para a deteção e remoção de anomalias geométricas e topológicas nos limites dos tecidos. Utilizando a análise intrínseca de Reeb, o sistema pode identificar a localização de ramos espúrios e de anomalias topológicas e rectificá-los com filtragem localizada, utilizando informações das distribuições de intensidade da imagem e da regularidade geométrica. Este sistema desenvolve uma classificação de tecidos melhorada com caraterísticas Hessianas para uma maior robustez à falta de homogeneidade da imagem e interpolação adaptativa para alcançar uma precisão sub-voxel nas superfícies reconstruídas. Ao integrar estes novos desenvolvimentos, foi concebido um novo sistema. O sistema pode reconstruir automaticamente superfícies corticais com melhor qualidade e custo computacional drasticamente reduzido em comparação com o popular software Free Surfer. Em comparação com o Free Surfer, o trabalho apresentado mostra que o sistema é capaz de gerar superfícies que representam melhor a anatomia cortical e produzir caraterísticas de espessura com maior poder estatístico em estudos populacionais.

ÍNDICE DE CONTEÚDOS

CAPÍTULO 1

1. Introdução

A reconstrução da superfície cortical a partir de imagens de Ressonância Magnética (RM) é um problema crítico no mapeamento do cérebro que fornece a base geométrica para medir a morfometria cortical e a integridade dos tecidos. Embora tenham sido desenvolvidos muitos algoritmos sofisticados para a sua solução, continuam a existir desafios significativos para melhorar a precisão, a robustez e a velocidade da reconstrução cortical. Neste trabalho, é desenvolvido um novo sistema para a reconstrução automática de superfícies corticais a partir de imagens de RM ponderadas em T1, com base na análise intrínseca da geometria e da topologia, utilizando o gráfico de Reeb das funções próprias de Laplace Beltrami (LB). Isto demonstra que o sistema pode reconstruir de forma robusta superfícies corticais de alta qualidade em conjuntos de dados de grande escala.

Segue-se o esquema pormenorizado da tarefa:

> Encontrar os limites de GM e WM utilizando o algoritmo de evolução de superfície

> Construir representações de colectores de limites de tecidos e calcular as funções próprias LB

> Abordagem unificada para a detecção e correção de anomalias geométricas e topológicas.

1.1 Objetivo

O objetivo deste trabalho é apresentar um novo sistema de reconstrução automática de superfícies corticais para ajudar os médicos a diagnosticar as imagens de RM com facilidade, uma vez que os valores anómalos topológicos e geométricos são corrigidos no método. Neste trabalho, desenvolve-se e implementa-se um sistema automatizado, cujos resultados são comparados com os resultados do software Freesurfer.

1.2 RMN

A RM produz imagens 2D/3D de alta qualidade dos tecidos anatómicos humanos, utilizando a interação de protões com um forte campo magnético externo e uma frequência de rádio. É superior a outras técnicas de imagiologia, como a tomografia computorizada (TC), os ultra-sons e os raios X, na área do diagnóstico clínico do cérebro humano. A reconstrução de imagens de RM é um desafio devido à homogeneidade da intensidade, ao baixo contraste de intensidade entre estruturas adjacentes da matéria cinzenta (GM), à variação topológica da estrutura entre pessoas e ao ruído aleatório [1]. A falta de homogeneidade de intensidade é inevitável nas imagens cerebrais por RM. Esta falta de homogeneidade de intensidade pode representar mais de 30% de variação da intensidade da imagem para o mesmo tecido cerebral, sendo ainda mais grave nas imagens de RM de alto campo. Outra dificuldade é o baixo contraste de intensidade que torna os limites entre as estruturas GM adjacentes pouco nítidos e, nalguns casos, até invisíveis.

1.3 Exames básicos de ressonância magnética

1.3.1 RMN ponderada em T1

Os exames ponderados em T1 referem-se a um conjunto de exames padrão que representam diferenças no tempo de relaxamento da rede de spin (ouT1) de vários tecidos do corpo. As imagens ponderadas em T1 podem ser adquiridas utilizando sequências de spin eco ou gradiente eco. O contraste ponderado em T1 pode ser aumentado com a aplicação de um impulso de RF de recuperação de inversão. As sequências ponderadas em T1 baseadas em eco de gradiente (GRE) podem ser adquiridas muito rapidamente devido à sua capacidade de utilizar tempos de repetição interpulsos (TR) curtos. As sequências ponderadas em T1 são frequentemente recolhidas antes e depois da infusão de agentes de contraste de RM com encurtamento de T1. No cérebro, os exames ponderados em T1 fornecem um contraste apreciável entre a matéria cinzenta e a matéria branca [2].

1.3.2 RMN ponderada em T2

Os exames ponderados em T2 referem-se a um conjunto de exames padrão que mostram diferenças no tempo de relaxamento spin-spin (ou T2) de vários tecidos do corpo. Tal como no exame ponderado em T1, a gordura é diferenciada da água, mas neste caso a gordura aparece mais escura e a água mais clara. Por exemplo, no caso de um estudo cerebral e da coluna vertebral, o líquido cefalorraquidiano (LCR) será mais claro nas imagens ponderadas em T2. Estes exames são, por conseguinte, particularmente adequados para a obtenção de imagens de edema, com TE longo e TR longo. Uma vez que a sequência spin eco é menos suscetível a homogencidades no campo magnético, estas imagens são há muito um cavalo de batalha clínico.

1.3.3 RMN ponderada a T*2

Os exames ponderados em T2 (pronuncia-se "T 2 estrelas") utilizam um GRE, com TE longo e TR longo. A sequência de eco de gradiente utilizada não tem o impulso de refocagem extra utilizado no eco de spin, pelo que está sujeita a perdas adicionais acima do decaimento normal do T2 (referido como T2). Isto também a torna mais propensa a perdas de suscetibilidade nos limites ar/tecido, mas pode aumentar o contraste para certos tipos de tecido, como o venoso [3].

1.3.4 Densidade de spin ponderadaMRI

Os exames ponderados por densidade de spin, também designados por densidade de protões, tentam não ter qualquer contraste do decaimento T2 ou T1, sendo a única alteração de sinal proveniente de diferenças na quantidade de spins disponíveis (núcleos de hidrogénio na água). Utiliza eco de spin ou, por vezes, uma sequência de eco de gradiente, com TE curto e TR longo.

1.3.5 TissueTypes

Um sistema automatizado de ressonância magnética classifica os voxels do cérebro num de três tecidos

tipos:

> GM(GrayMatter)

> WM(WhiteMatter)

> CSF (Líquido cefalorraquidiano)

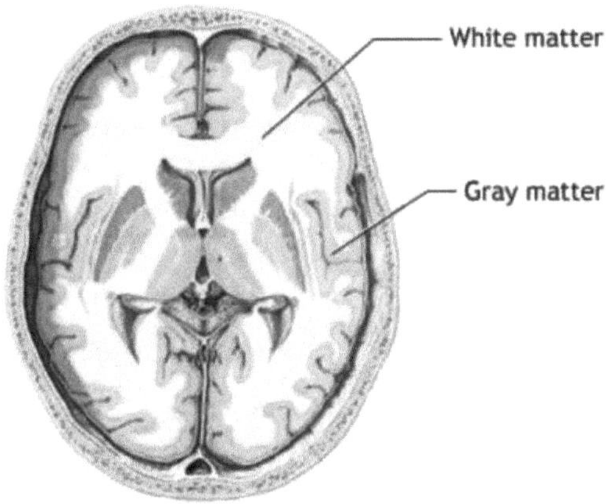

Fig. 1 Limites da substância branca e da substância branca do cérebro

1.3.5.1 WhiteMatter

O tecido da substância branca do cérebro acabado de cortar aparece a olho nu com uma cor branco-rosada, porque a mielina é composta em grande parte por tecido lipídico com veias capilares. A sua cor branca deve-se à sua conservação habitual em formaldeído. A substância branca, que durante muito tempo se pensou ser um tecido passivo, afecta ativamente a forma como o cérebro aprende e funciona. A substância branca modula a distribuição dos potenciais de ação, actuando como um retransmissor e coordenando a comunicação entre diferentes regiões cerebrais Regiões inteiras da substância branca do cérebro e ventrículos para normalização.

1.3.5.2 Matéria cinzenta

O outro componente principal do cérebro é a massa cinzenta (na realidade rosada devido aos capilares sanguíneos), que é composta por neurónios. Um terceiro componente colorido encontrado no cérebro, que parece mais escuro devido a níveis mais elevados de melanina nos neurónios dopaminérgicos do que nas áreas vizinhas, é a substância negra. A matéria branca pode por vezes parecer mais escura do que a matéria cinzenta, devido ao tipo de corante utilizado. A matéria cinzenta está principalmente associada ao processamento e à cognição [4].

1.3.5.3 Líquido cefalorraquidiano:

O líquido cefalorraquidiano é um líquido corporal transparente e incolor que se encontra no cérebro e na coluna vertebral. É produzido no plexo coroide do cérebro. Actua como uma almofada ou tampão para o córtex, fornecendo uma proteção mecânica e imunológica básica ao cérebro dentro do crânio, e tem uma função vital na autorregulação do fluxo sanguíneo cerebral. Constitui o conteúdo dos ventrículos, cisternas e sulcos do cérebro.

1.4 Introdução ao processamento de imagens

1.4.1 Imagem

Uma imagem é uma matriz de pixéis quadrados (elementos de imagem) dispostos em colunas e linhas.

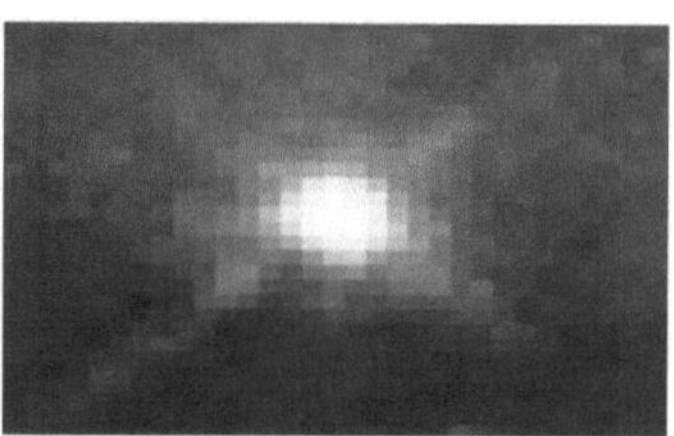

Fig.2: Uma imagem - um conjunto ou uma matriz de pixéis dispostos em colunas e linhas.

Numa imagem em escala de cinzentos (8 bits), cada elemento da imagem tem uma intensidade atribuída que varia entre 0 e 255. Uma imagem em escala de cinzentos é aquilo a que normalmente se chama uma imagem a preto e branco, mas o nome sublinha que essa imagem também inclui muitos tons de cinzento.

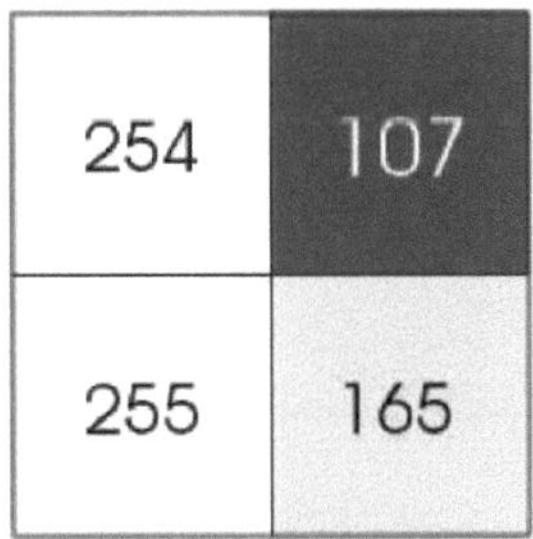

Fig.3.1:pixel

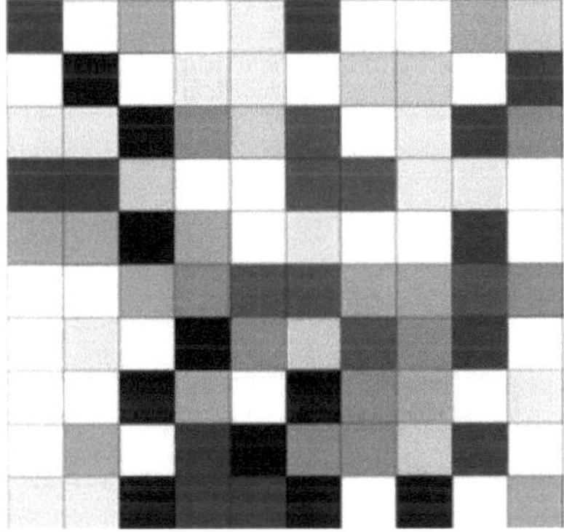

Fig.3.2 : Cada pixel tem um valor de 0 (preto) a 255 (branco). A gama possível de valores de pixéis depende da profundidade de cor da imagem, neste caso 8 bits = 256 tons ou escalas de cinzento.

Uma imagem de escala de cinzentos normal tem uma profundidade de cor de 8   bits=256 escalas de cinzentos.A-verdadeiro

colourllimagehas24bitcolourdepth=8x8x8bits=256x256x256colo
urs

= ~16 milhões de cores.

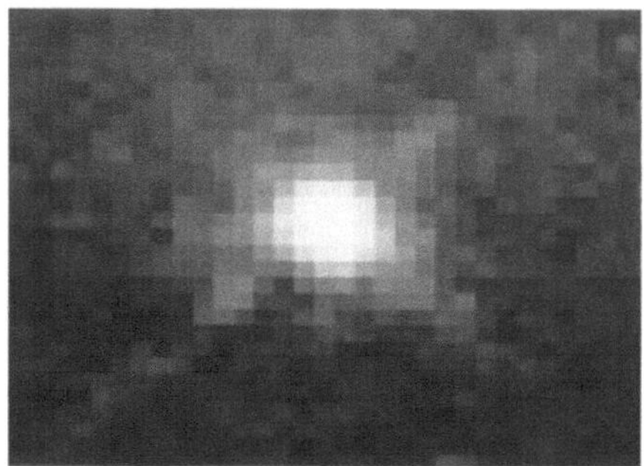

Fig.4: Uma imagem de cor verdadeira

Algumas imagens de escala de cinzentos têm mais escalas de cinzentos, por exemplo 16 bits = 65536 escalas de cinzentos. Em princípio, três imagens de escala de cinzentos podem ser combinadas para formar uma imagem com 281 474 976 710 656 escalas de cinzentos [5].

Existem dois grupos gerais de= imagens': gráficos vectoriais (ou line art) e bitmaps (imagens baseadas em pixels ou= ').

1.4.2 Alguns dos formatos de ficheiro mais comuns

GIF - um formato de mapa de bits de 8 bits (256 cores), comprimido de forma não destrutiva. Utilizado principalmente na Web. Tem vários subpadrões, um dos quais é o GIF animado.

JPEG - um formato de mapa de bits de 24 bits (16 milhões de cores) comprimido de forma destrutiva e muito eficiente (ou seja, muita informação por byte). Muito utilizado, especialmente na Web e na

Internet (largura de banda limitada).

TIFF - o formato padrão de bitmap de publicação de 24 bits.

Comprime de forma não destrutiva, por exemplo, com a compressão Lempel-Ziv-Welch (LZW).

PS - Postscript, um formato vetorial normalizado. Tem inúmeras subnormas e pode ser difícil de transportar entre plataformas e sistemas operativos.

PSD - um formato específico do Photoshop que guarda toda a informação de uma imagem, incluindo todas as camadas.

As imagens são o meio mais comum e cómodo de transmitir informações. Uma imagem vale mais do que mil palavras. As imagens transmitem de forma concisa informações sobre posições, tamanhos e relações entre objectos. Retratam informações espaciais que podem ser reconhecidas como objectos. Os seres humanos são bons a retirar informações de tais imagens, devido às suas capacidades visuais e mentais inatas [5]. Cerca de 75% da informação recebida pelo ser humano tem uma forma pictórica. Uma imagem é digitalizada para ser convertida numa forma que possa ser armazenada na memória de um computador ou num qualquer tipo de suporte de armazenamento, como um disco rígido ou um CD-ROM. Este processo de digitalização pode ser efectuado por um scanner ou por uma câmara de vídeo ligada a uma placa de captura de imagens num computador. Uma vez digitalizada a imagem, esta pode ser tratada através de várias operações de processamento de imagem.

As operações de processamento de imagens podem ser divididas em três categorias principais: compressão de imagens, melhoramento e restauro de imagens e extração de medidas. Trata-se de reduzir a quantidade de memória necessária para armazenar uma imagem digital. Os defeitos da imagem que podem ser causados pelo processo de digitalização ou por falhas na configuração da imagem (por exemplo, má iluminação) podem ser corrigidos utilizando técnicas de melhoramento da imagem. Quando a imagem estiver em boas condições, as operações de extração de medidas podem ser utilizadas para obter informações úteis a partir da imagem. Alguns exemplos de melhoramento de imagem e extração de medidas são apresentados abaixo. Os exemplos apresentados funcionam todos com imagens de 256 tons de cinzento. Isto significa que cada pixel na imagem é armazenado como um número entre 0 e 255, em que 0 representa um pixel preto, 255 representa um pixel branco e os valores intermédios representam tons de cinzento. Estas operações podem ser alargadas para operar em imagens a cores [6].

1.4.3 Imagens e fotografias

Os seres humanos dependem da visão para compreender o mundo que os rodeia. O olho humano não só olha para as coisas para as identificar e classificar, como também é capaz de detetar diferenças e obter uma ideia geral de uma cena com um olhar rápido. O olho humano consegue identificar um rosto num instante. Consegue diferenciar cores e processar uma grande quantidade de informação visual muito rapidamente [7].

Uma grande estrutura sólida, como um edifício ou uma montanha, muda de aspeto consoante a hora do dia (dia ou noite), a quantidade de luz solar (clara ou nublada) ou as várias sombras que incidem sobre ela. Uma imagem é uma figura única que representa algo. Pode ser uma fotografia de uma pessoa, de pessoas ou animais, ou de uma cena exterior, ou uma microfotografia de um componente eletrónico, ou o resultado de uma imagem médica.

O processamento de imagens consiste em alterar a natureza de uma imagem para

1. Melhorar a sua informação pictórica para interpretação humana,

2. Torná-lo mais adequado para a perceção autónoma de máquinas.

No caso do processamento digital de imagens, trata-se de utilizar um computador para alterar a natureza de uma imagem digital. É necessário compreender que estes dois aspectos representam dois aspectos distintos mas igualmente importantes do processamento de imagens. Os seres humanos gostam que as suas imagens sejam nítidas, claras e pormenorizadas e as máquinas preferem que as suas imagens sejam simples e desordenadas [9].

1.4.4 Imagens e imagens digitais

Uma imagem digital tem valores discretos. Normalmente, assumem apenas valores inteiros. Os valores de brilho também variam entre 0 (preto) e 255 (branco). Uma imagem digital pode ser considerada como um grande conjunto de pontos discretos, cada um dos quais com um brilho associado. Estes pontos são designados por elementos de imagem ou, mais simplesmente, pixéis. Os pixels que rodeiam um determinado pixel constituem a sua vizinhança. Uma vizinhança pode ser caracterizada pela sua forma, da mesma forma que uma matriz. Exceto em circunstâncias muito especiais, as vizinhanças têm um número ímpar de linhas e colunas [12].

1.5 Fundamentos do processamento de imagens

1.5.1 Pixel

Para que qualquer processamento digital seja efectuado numa imagem, esta tem de ser primeiro armazenada no computador numa forma adequada que possa ser manipulada por um programa de computador. A forma mais prática de o fazer é dividir a imagem num conjunto de células discretas (e normalmente pequenas), conhecidas como pixéis. Normalmente, a imagem é dividida numa grelha retangular de pixels, de modo a que cada pixel seja um pequeno retângulo. Uma vez feito isto, é atribuído a cada pixel um valor que representa a cor desse pixel. Assume-se que todo o pixel tem a mesma cor, pelo que qualquer variação de cor que existisse na área do pixel antes de a imagem ser discretizada se perde [16]. No entanto, se a área de cada pixel for muito pequena, a natureza discreta da imagem não é muitas vezes visível para o olho humano.

Podem ser utilizadas outras formas e formações de píxeis, nomeadamente a grelha hexagonal, em que cada píxel é um pequeno hexágono. Esta forma tem algumas vantagens no processamento de imagens, incluindo o facto de a conetividade dos pixels ser definida de forma menos ambígua do que com uma grelha quadrada, mas as grelhas hexagonais não são muito utilizadas. Parte da razão é que muitos sistemas de captura de imagem (por exemplo, a maioria das câmaras CCD e scanners) discretizam intrinsecamente a imagem capturada numa grelha retangular, em primeira instância.

1.5.2 PixelConectividade

A notação de conetividade de pixéis descreve uma relação entre dois ou mais pixéis. Para que dois píxeis estejam ligados, têm de cumprir determinadas condições relativas ao brilho do píxel e à adjacência espacial.

Em primeiro lugar, para que dois pixéis sejam considerados ligados, os seus valores de pixéis devem pertencer ao mesmo conjunto de valores V. Para uma imagem em escala de cinzentos, V pode ser qualquer intervalo de níveis de cinzentos, por exemplo, V={22,23,...40}, para uma imagem binária V={1}.

Para formular o critério de adjacência para a conetividade, começa-se por introduzir a notação de vizinhança. Para um píxel p com as coordenadas (x, y), o conjunto de píxeis dado por:

$$()^*()()\ ()+\text{-----------} (1)$$

é chamado os seus 4-vizinhos. Os seus 8-vizinhos são definidos como

$$()^*()()\ ()+\qquad\qquad\text{-----------}(2)$$

A partir daqui podemos deduzir a definição de 4 e 8-conetividade.

Dois píxeis p e q, ambos com valores de um conjunto V, têm 4 ligações se q pertencer ao conjunto (p) e 8 ligações se q pertencer a (p). A conetividade geral pode ser baseada na conetividade 4 ou 8.

Um píxel p está ligado a um píxel q se p estiver ligado por 4 a q ou se p estiver ligado por 4 a um terceiro píxel que, por sua vez, está ligado a q. Por outras palavras, dois píxeis q e p estão ligados se existir um caminho a partir de p e q no qual cada píxel está ligado por 4 ao seguinte.

Um conjunto de pixéis numa imagem que estão todos ligados entre si é designado por componente ligado. Encontrar todos os componentes ligados numa imagem e marcar cada um deles com uma etiqueta distintiva é designado por etiquetagem de componentes ligados.

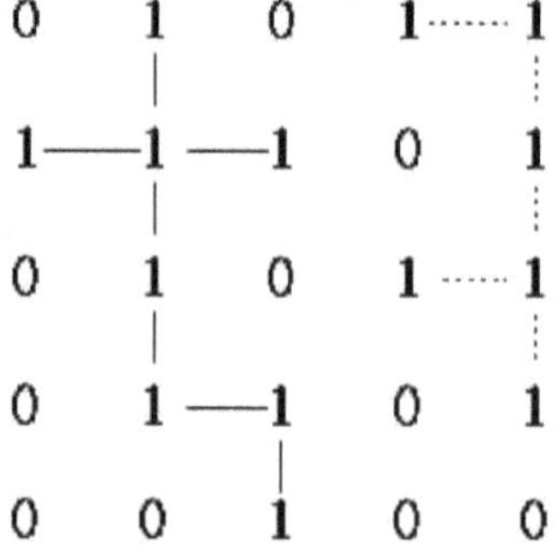

Fig.5 Dois componentes ligados com base na conetividade 4.

1.5.3 Valores de pixéis

Cada um dos pixels que representa uma imagem armazenada num

computador tem um valor de pixel que descreve o brilho desse pixel e/ou a cor que deve ter. No caso mais simples das imagens binárias, o valor do pixel é um número de 1 bit que indica o primeiro ou o segundo plano. Para imagens em escala de cinzentos, o valor do pixel é um número único que representa o brilho do pixel. O formato de pixel mais comum é a imagem de byte, em que este número é armazenado como um número inteiro de 8 bits, com uma gama de valores possíveis de 0 a 255. Normalmente, zero é considerado preto e 255 é considerado branco. Os valores intermédios constituem os diferentes tons de cinzento.

Para representar imagens a cores, devem ser especificadas componentes separadas de vermelho, verde e azul para cada pixel (assumindo um espaço de cores RGB   ),   e   a Muitas vezes, os três componentes de diferença são armazenados como três imagens separadas em 'escala de cinzentos', conhecidas como planos de cor (uma para cada um dos vermelhos, verdes e azuis), que têm de ser recombinadas durante a visualização ou o processamento.

As imagens multiespectrais podem conter até mais de três componentes para cada pixel e, por extensão, estes são armazenados da mesma forma, como um valor vetorial de pixel ou como planos de cor separados.

As intensidades reais da escala de cinzentos ou dos componentes de cor para cada pixel podem não ser armazenadas explicitamente. Muitas vezes, tudo o que é armazenado para cada pixel é um índice num mapa de cores no qual a intensidade ou cores reais podem ser pesquisadas.

Embora os números inteiros simples de 8 bits ou vectores de números inteiros de 8 bits sejam os tipos mais comuns de valores de píxeis utilizados, alguns formatos de imagem suportam diferentes tipos de valores, por exemplo, números inteiros assinados de 32 bits ou valores de ponto flutuante. Estes valores são extremamente úteis no processamento de imagens, uma vez que permitem efetuar um processamento na imagem em que os valores de pixel resultantes não são necessariamente números inteiros de 8 bits. Se esta abordagem for utilizada, é normalmente necessário criar um mapa de cores que relacione determinadas gamas de valores de píxeis com determinadas cores apresentadas.

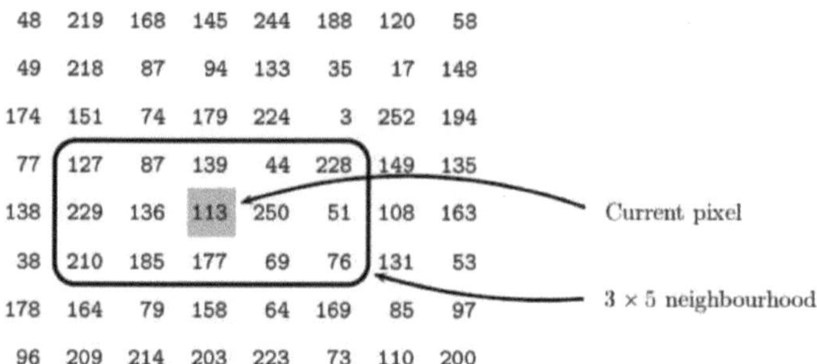

Fig.6 Pixéis com uma vizinhança

1.5.4 Escala de cores

O modelo de cor **RGB** (Red, Green, Blue) é um modelo de cor aditivo no qual a luz vermelha, verde e azul são adicionadas de várias formas para reproduzir uma vasta gama de cores. O RGB utiliza a mistura de cores aditiva e é o modelo de cor básico utilizado na televisão ou em qualquer outro meio que imprima cor com luz. É o modelo de cor básico utilizado em computadores e para gráficos da Web, mas não pode ser utilizado para produção de impressão.

As cores secundárias do RGB - ciano, magenta e amarelo - são formadas pela mistura de duas das cores primárias (**vermelho, verde** ou **azul**) e pela exclusão da terceira cor. O vermelho e o verde combinam-se para formar o amarelo, o verde e o azul para formar o ciano, e o azul e o vermelho formam o magenta. A combinação de vermelho, verde e azul em intensidade total forma o branco.

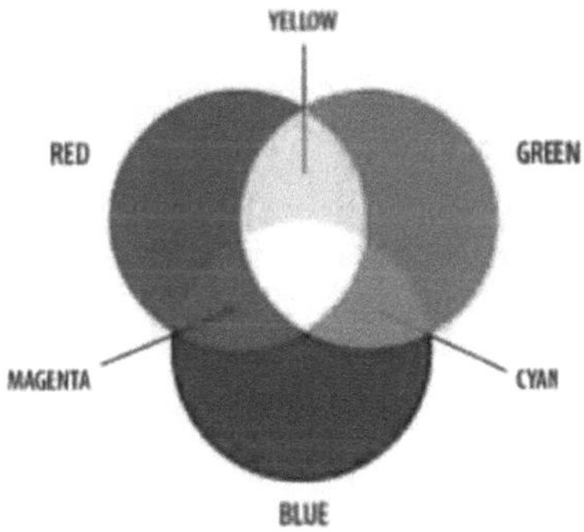

Fig.7: O modelo aditivo de RGB.

1.6 Utilizações típicas doMATLAB

- Matemática e computação.

-Desenvolvimento de algoritmos

-Aquisição de dados

-Modelação, simulação e criação de protótipos - Análise, exploração e visualização de dados

-Gráficos científicos e de engenharia

-Desenvolvimento de aplicações, incluindo a criação de interfaces gráficas de utilizador.

1.7 Aspectos do processamento de imagens

É conveniente subdividir os diferentes algoritmos de processamento de imagem em subclasses amplas. Existem diferentes algoritmos para diferentes tarefas e problemas, e muitas vezes é aconselhável distinguir a natureza da tarefa em causa.

1.7.1 Melhoramento de imagem

Isto refere-se ao processamento de uma imagem para que o resultado seja mais adequado a uma determinada aplicação.
Os exemplos incluem:

> nitidez ou desfocagem de uma imagem desfocada,

> realçando as arestas,

> Melhorar o contraste da imagem, ou iluminar uma imagem, removendo o ruído.

1.7.2 Restauração de imagens

Isto pode ser considerado como a reversão dos danos causados a uma imagem por uma causa conhecida, por exemplo:

> Remoção da desfocagem causada pelo movimento linear,

> Eliminação de distorções ópticas,

> Remoção de interferências periódicas.

> Remoção de vasos sanguíneos

1.7.3 Segmentação de imagens

Isto envolve a subdivisão de uma imagem em partes constituintes ou o isolamento de certos aspectos de uma imagem:

> Círculos, ou formas particulares em animação,

> Numa fotografia aérea, identificar carros, árvores, edifícios ou estradas.

Estas classes não são disjuntas. Um determinado algoritmo pode ser utilizado tanto para o melhoramento como para o restauro de imagens. No entanto, este deve ser capaz de decidir o que é que os utilizadores estão a tentar fazer com a imagem; simplesmente torná-la mais bonita (melhoramento) ou remover danos (restauro).

1.7.4 Uma tarefa de processamento de imagem

Algumas imagens mostram em pormenor uma determinada tarefa do mundo real e veja como as classes acima podem ser utilizadas para descrever as várias fases da execução dessa tarefa. A tarefa consiste em obter, por um processo automático, os códigos postais dos envelopes. Eis como isto pode ser feito:

> Adquirir a imagem

> Pré-processamento

> Segmentação

> Representação e descrição

> Reconhecimento e interpretação

> Restauração de imagens

CAPÍTULO 2

2. Pesquisa bibliográfica

MacDonald (1998) classificou regiões em imagens cerebrais de ressonância magnética tridimensional utilizando protocolos para segmentar e rotular manualmente as estruturas. Para grandes coortes, os requisitos de tempo e experiência tornam esta abordagem impraticável. Para conseguir a automatização, uma segmentação individual pode ser propagada a outro indivíduo utilizando uma estimativa de correspondência anatómica que relaciona a imagem do atlas com a imagem alvo. A precisão da rotulagem do alvo resultante tem sido limitada, mas pode ser potencialmente melhorada através da combinação de múltiplas segmentações utilizando a fusão de decisões. Estes resultados indicam que a prática de Tai Chi Chuan (TCC) a longo prazo pode induzir alterações estruturais regionais e também sugerem que o TCC pode partilhar padrões semelhantes de correlações neurais com a meditação e o exercício aeróbico. Utilizando a ressonância magnética de alta resolução de 22 praticantes de TCC e de 18 controlos, em função da idade, do sexo e da escolaridade, propusemo-nos examinar os correlatos anatómicos subjacentes à prática de Taichi a longo prazo em dois níveis diferentes de especificidade regional.

Concentrou-se principalmente na segmentação dos limites dos tecidos, mas nos três anos seguintes Kevin et al (2001) estabeleceram um método que descreve uma abordagem baseada no conhecimento para a segmentação da superfície cortical que utiliza o conhecimento adquirido da forma global e da gama de variação do córtex (excluindo os giros e sulcos pormenorizados) para orientar a procura do limite cinzento-CSF num volume de imagem de RM estrutural. O conhecimento da forma é representado por um modelo de superfície radial, que é um tipo de Mapeamento de Estimulação Geométrica (GCN) que pressupõe e pode representar a forma através de redes de restrições que interagem localmente. O modelo de forma é utilizado num protocolo para mapeamento baseado na visualização de locais de Mapeamento de Simulação Cortical (CSM) na superfície do cérebro, antes da integração com outras modalidades de mapeamento ou como entrada para programas de análise e reconfiguração de superfícies existentes. São apresentados resultados de exemplo para dados de CSM relacionados com a organização da linguagem no córtex, mas os métodos devem ser aplicáveis a outras situações em que se pretenda uma visualização realista da superfície do cérebro, tal como se vê na neurocirurgia.

O Visual Brain Mapper (VBM) é utilizado por rotina no Human Brain Paper para integrar dados de CSM com medidas de linguagem não cirúrgicas, como a Ressonância Magnética Funcional (FMRI). Foram mapeados mais de 40 conjuntos de dados de doentes neurocirúrgicos, a maioria dos quais por um neurocientista não programador. As técnicas e a arquitetura do software, embora desenvolvidas inicialmente para a CSM das áreas da linguagem no córtex, devem ser aplicáveis também a outros problemas de mapeamento e visualização do cérebro. Kevin trabalhou para a automatização do mapeamento e visualização do cérebro. EliaFormisan et al (2003) fundaram uma nova abordagem para lidar com problemas de visualização.

O autor fundiu as informações anatómicas e funcionais na fase final da análise e apenas para efeitos de visualização. As informações anatómicas individuais foram utilizadas numa fase anterior, como uma restrição adicional para a deteção estatística da ativação funcional em todos os casos, uma reconstrução em malha poligonal de ambos os hemisférios corticais de cada sujeito é gerada a partir de volumes anatómicos de RM 3D de alta resolução recolhidos durante a sessão de RMF. O limite da substância branca/cinzenta é segmentado com um método de crescimento de regiões precedido de uma correção da falta de homogeneidade da intensidade do sinal no espaço. A fronteira dos subvolumes segmentados resultantes é tesselada para produzir uma representação em malha poligonal de cada hemisfério cortical.

É utilizado um algoritmo iterativo de transformação 3D para mover todos os vértices da superfície para fora ao longo das suas normais, de modo a que a superfície passe a representar a estrutura espacial da substância cinzenta cortical. Através de inspeção visual, este processo é interrompido quando a superfície atinge o meio da massa cinzenta, correspondendo aproximadamente à camada 4 do córtex. A superfície resultante é utilizada para criar a máscara cortical e como referência espacial na colocação de dados funcionais em representações inflacionadas do córtex. Etiquetas baseadas no trato da substância branca e métricas do tensor de difusão ou modalidades adicionais, como imagens ponderadas pela suscetibilidade, imagens de transferência de magnetização ou mapas quantitativos baseados na relaxação [18].

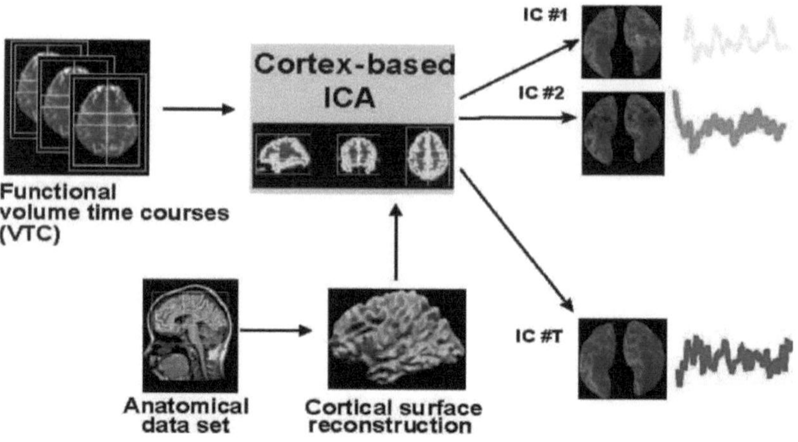

Fig.8 Representação esquemática da abordagem ICA baseada no córtex.

Roberto Toro e Yuves-Burnod (2003) constataram que os atlas da superfície cortical se baseiam numa modelização do córtex cerebral como uma esfera topológica. Isto capta eficazmente a sua organização como uma folha bidimensional regular de camadas paralelas à superfície e com camadas perpendiculares colunas corticais. No entanto, enquanto na direção vertical os córtices são praticamente os mesmos em todos os filos, no sentido da sua superfície o córtex cerebral é uma das partes mais variáveis e distintas do sistema nervoso. De facto, os giros e os sulcos parecem ter um papel organizador crucial num sentido arquitetónico, conexional e funcional.

Esta organização não é explicitamente captada pelo modelo de superfície do córtex. Um modelo geométrico da anatomia cortical baseado em representações planas dos sulcos principais obtidas a partir de reconstruções de superfície de dados de ressonância magnética, e em considerações neuroanatómicas e teóricas relativas aos padrões de dobragem do córtex [22].

O córtex é modelado por uma esfera em que os sulcos primários são incluídos como eixos. A disposição dos eixos é uma simplificação da disposição dos sulcos principais observada em representações estereográficas planas de toda a superfície cortical.

A posição dos sulcos secundários e terciários é então definida por um campo de orientações paralelas e ortogonais aos eixos. Considerar a utilização do modelo geométrico como um córtex de referência sintético para abordar as reconstruções das superfícies corticais.

O método que estabelece uma bijeção entre o modelo geométrico e uma reconstrução da superfície cortical, utilizando os eixos do modelo como condições de fronteira para um conjunto de equações diferenciais parciais resolvidas sobre ambas as superfícies. A utilização do modelo geométrico como atlas fornece uma parametrização natural da superfície cortical que, ao contrário das coordenadas angulares, permite uma localização baseada na distância da superfície aos seus principais marcos organizadores e padrões de dobragem [21].

Peng Yu et al (2007) introduziram um procedimento que inclui o pré-processamento de imagens de RM, a transformação de wavelets esféricas, a análise estatística utilizando PCA e o modelo de desenvolvimento de dobras corticais. Para estudar com precisão as variações de forma entre sujeitos, é necessário encontrar não só uma representação eficaz da forma, mas também um método de registo que preserve a variação individual e alinhe as estruturas anatomicamente importantes. As diferentes técnicas empregues nestes dois aspectos conferem méritos e desvantagens a vários métodos de análise da forma. Uma das primeiras técnicas desenvolvidas neste domínio representa as formas através de pontos amostrados na fronteira do objeto em estudo, e as coordenadas dos pontos correspondentes em diferentes sujeitos são diretamente utilizadas como caraterísticas da forma. Este método foi alargado através da construção de um modelo de distribuição de pontos, que permite uma análise à escala global da variação da forma aplicando PCA às posições dos pontos da fronteira [20].

No entanto, este método depende fortemente da precisão do registo entre sujeitos para comparação de grupos. Subsequentemente, foram desenvolvidos modelos paramétricos para decompor os limites ou a superfície utilizando descritores harmónicos não esféricos de Fourier e para utilizar os coeficientes de decomposição como descritor de forma. Uma desvantagem destes modelos é a falta de capacidade para representar de forma concisa a variação local da forma devido ao suporte global das funções de base. Foi desenvolvida uma representação harmónica esférica ponderada que pode ser potencialmente utilizada para realizar análises locais por ponderação diferencial.

Um conjunto de exames de ressonância magnética de recém-nascidos e crianças é utilizado para a estrutura de regularização para melhorar o desempenho da previsão em novos exames de ressonância magnética. Este modelo de Gompertz regularizado foi estimado com base na aproximação BFGS. Embora todo o procedimento possa ser utilizado para analisar a fronteira entre a massa cinzenta e a massa branca e entre a massa cinzenta e o líquido cefalorraquidiano, apenas a superfície cinzenta/branca, que é um reflexo direto da dobragem dos giros, é utilizada neste artigo para exemplificar os métodos desenvolvidos [19].

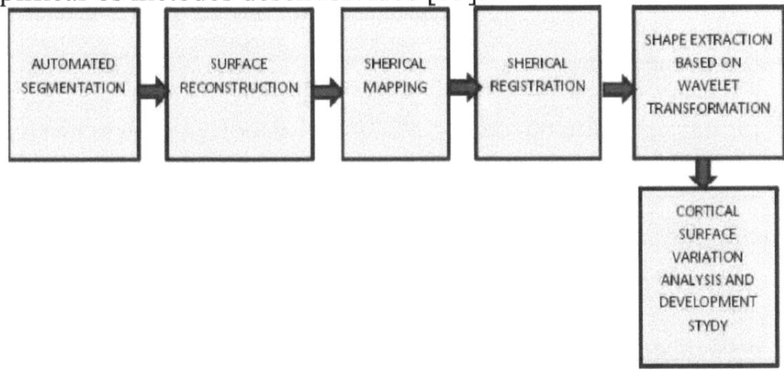

Fig 9. Diagrama de blocos da análise da forma das estruturas neuroanatómicas

FlorentSegonne et al (2007) trabalharam na identificação dos defeitos topológicos como regiões localmente não-inversíveis, mas já não utilizam o mapeamento esférico para produzir soluções candidatas. Quando Kevin et al (2001) trabalharam no mapeamento do cérebro, Florent propôs uma abordagem diferente que melhora o trabalho de Kevin. Especificamente para gerar soluções potenciais usando o conceito de loops não separadores e operadores de abertura. Utilizando este conceito, o espaço de soluções potenciais já não é restringido pelo mapeamento esférico, o que resulta num conjunto significativamente mais diversificado de correcções candidatas, abrangendo um espaço mais vasto. Além disso, evitamos a utilização de aritmética de vírgula flutuante, trabalhando diretamente no gráfico da triangulação, utilizando assim cálculos aritméticos exactos.

O método é o seguinte:

Gerar um mapeamento da superfície cortical original para a esfera que seja o mais próximo possível de um homeomorfismo (que foi designado por mapeamento maximamente homeomórfico ou mapeamento quase homeomórfico). Para cada defeito topológico, geram-se aleatoriamente conjuntos de laços de não separação e corrige-se a topologia do defeito abrindo e selando a superfície.

A configuração final máxima posterior é selecionada num quadro Bayesiano. O método é um algoritmo de correção topológica totalmente autónomo, que determina soluções geometricamente exactas e topologicamente corretas com base nos perfis de intensidade da RMN e na curvatura local esperada.

Li et al (2012) propuseram que uma reconstrução precisa e consistente das superfícies corticais a partir de imagens longitudinais de RM do cérebro humano é de grande importância para o estudo de alterações subtis longitudinais do córtex cerebral. Este método apresenta um novo método de superfície deformável para a reconstrução consistente e precisa das superfícies corticais interiores, centrais e exteriores a partir de imagens longitudinais de RM do cérebro. Especificamente, as superfícies corticais da imagem média do grupo de todas as imagens longitudinais alinhadas do mesmo sujeito são primeiro reconstruídas por um método de superfície deformável, que é conduzido por uma força derivada da equação de Laplace.

De seguida, as superfícies corticais longitudinais são reconstruídas de forma consistente através da deformação conjunta das superfícies corticais da imagem média do grupo para todas as imagens longitudinais.

Este método foi aplicado com êxito a dois conjuntos de imagens longitudinais de RM do cérebro humano. Os resultados experimentais, tanto qualitativos como quantitativos, demonstram a exatidão e a consistência do método proposto. Para além disso, as superfícies corticais longitudinais reconstruídas são utilizadas para medir as alterações longitudinais da espessura cortical em grupos normais e doentes, tendo sido claramente observada a tendência geral de declínio da espessura cortical. Entretanto, a espessura longitudinal da cortical também mostra o seu potencial na distinção de diferentes grupos clínicos. O seu trabalho foi precedido por Xiao Han et al (2010), utilizando um modelo de superfície geométrica deformável com preservação da topologia (TGDM). O seu método apresentou a reconstrução automática das superfícies interna, central e externa do córtex cerebral a partir de imagens cerebrais de RM ponderadas em T1. A segmentação e a representação do córtex cerebral humano a partir de imagens de ressonância magnética desempenham um papel importante na neurociência e na medicina. Um método de segmentação bem sucedido deve ser robusto a vários artefactos de imagem e produzir representações corticais anatomicamente significativas e consistentes. Um método para a reconstrução automática das superfícies interna, central e externa do córtex cerebral a partir de imagens cerebrais de RM ponderadas em T1. O método combina um método de classificação de tecido difuso, um algoritmo de correção de topologia eficiente e um modelo de superfície geométrica deformável com preservação da topologia. O algoritmo é rápido e numericamente estável, e produz reconstruções precisas da superfície cerebral que são garantidamente topologicamente corretas e livres de auto intersecções.

São apresentados resultados de validação em dados reais de RM para demonstrar o desempenho do método. Geometricamente, o córtex cerebral é uma folha fina e dobrada de massa cinzenta com 1-5 mm de espessura, com uma espessura média de aproximadamente 2,5 mm. O GM cortical é delimitado pelo líquido cefalorraquidiano no exterior, formando a superfície cortical externa, e pela massa branca (no interior, formando a superfície cortical interna). É útil definir também a superfície cortical central; esta situa-se no centro geométrico entre as superfícies interna e externa, aproximando-se da camada citoarquitectónica 4 e representando uma aproximação global bidimensional (2-D) à folha cortical tridimensional (3-D). Trata-se de um passo para além da segmentação, que apenas classifica os pixéis da imagem como pertencendo ou não ao GM cortical. Uma reconstrução cortical precisa deve gerar uma representação geométrica do córtex que seja consistente com a verdadeira geometria do córtex cerebral, completa com múltiplos lóbulos, dobras girais e sulcos estreitos [17]. Esta tarefa é dificultada por artefactos como o ruído da imagem, efeitos de volume parcial e intensidade nas homogeneidades

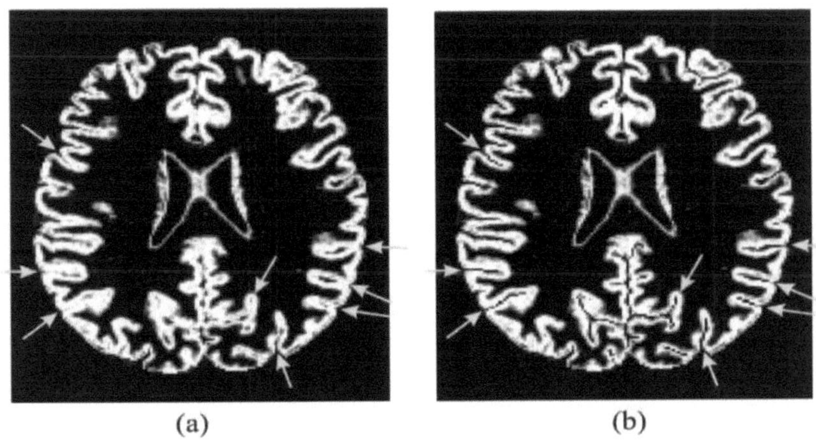

(a)   (b)

Fig.10 (a) Função de afiliação GM original e (b) A função de afiliação GM melhorada pelo ACE

O método de reconstrução 3D proposto, designado por Reconstrução Cortical utilizando a Evolução Implícita da Superfície (CRUISE), combina em cascata um método de segmentação difusa, um algoritmo de correção da topologia e um modelo de superfície geométrica deformável com preservação da topologia para reconstruir estas três superfícies. O CRUISE é preciso, robusto, anatomicamente consistente e computacionalmente eficiente e garante o encaixe correto das três superfícies. A primeira etapa da CRUISE envolve um breve procedimento manual de pré-processamento, após o qual a CRUISE é totalmente automática[19]

CAPÍTULO 3

3. Método proposto

Foi desenvolvido um novo sistema para a reconstrução cortical automatizada a partir de imagens de RM ponderadas em T1. Neste trabalho, o foco está na reconstrução das superfícies WM e GM. Neste caso, o algoritmo de evolução da superfície é utilizado para encontrar a GM e a WM. O sistema constrói representações múltiplas dos limites dos tecidos e calcula as funções LB eigen. Foi desenvolvida uma abordagem unificada para a deteção e correção de anomalias geométricas e topológicas. No caso das anomalias geométricas, a análise intrínseca de Reeb conduz naturalmente à realização de uma filtragem localizada das anomalias sem causar uma contração involuntária noutras partes do córtex [14].

3.1 Vantagem

> Fornece um segmento exato da substância cinzenta e da substância branca do cérebro.

> Fornece uma segmentação robusta e eficaz.

> Proporciona fiabilidade.

3.2 Módulos

> Pré-processamento

> Imagem com realce de tecido.

> Mapeamento de tecidos

> Segmentação GM e WM

> Construção de superfícies

3.3 Descrição do módulo

3.3.1 Pré-processamento

> Em Filtering (Filtragem), estamos a aplicar a filtragem Gaussiana à
nossa imagem de entrada.

> A filtragem gaussiana é frequentemente utilizada para remover o
ruído da imagem.

> A função Wiener2 é aqui utilizada.

> **O filtro Gaussiano** é um filtro de janela de classe linear, pela sua
natureza é de média ponderada.

> Nomeado em homenagem ao famoso cientista Carl Gauss porque os
pesos no filtro são calculados de acordo com a distribuição de Gauss
[15].

3.3.2 Imagem melhorada do tecido

Neste caso, identificámos a imagem melhorada do tecido com base
na matriz hessiana. A hessiana é uma matriz quadrada de segunda ordem de
uma função parcial. Descreve a curvatura local de uma função de muitas
variáveis. A matriz Hessiana está relacionada com a matriz Jacobiana por

$$() () () () \qquad \text{-------(3)}$$

O determinante da matriz acima é também por vezes referido como Hessiano. As matrizes Hessianas são utilizadas em problemas de otimização de grande escala no âmbito de métodos do tipo Newton porque são o coeficiente do termo quadrático de uma expansão local de Taylor de uma função. A matriz Hessiana completa pode ser difícil de calcular na prática, pelo que foram desenvolvidos algoritmos quase-Newton que utilizam aproximações à Hessiana. O algoritmo quase-Newton mais conhecido é o algoritmo BroydenFletche Goldfarb Shannon (BFGS) [23].

3.3.3 Imagem mapeada do tecido

Uma implementação em grupo para a construção de atlas médios. Em seguida, uma descrição da forma como as segmentações Freesurfer podem ser utilizadas neste quadro para restringir o registo de MRI do cérebro e realizar experiências que avaliam o alinhamento de estruturas traçadas manualmente, a redução da variância entre sujeitos e os resultados morfométricos utilizando o registo baseado em grupos, em comparação com o registo tradicional baseado em MRI. Os métodos de registo baseado em MRI e multi-estrutura em grupo, com correção do nível de significância utilizando RFT. Observamos grandes agrupamentos significativos no lobo temporal medial e no hipocampo, detectados pelo registo multiestruturas, enquanto o registo baseado na RM detecta um pequeno agrupamento na parte posterior da expansão relativa do volume no grupo com demência.

3.3.4 GM e WMSegmentação

> Os rótulos baseados na superfície são mapeados a partir do atlas, utilizando os padrões de dobragem cortical, especificamente a curvatura da superfície cortical, e são depois convertidos numa

representação volumétrica, colocando os valores dos rótulos da superfície nos voxels rotulados como matéria cinzenta cortical.

> A segmentação da massa cinzenta é transformada de cada sujeito para o espaço médio para gerar uma máscara de massa cinzenta média.

> Maior definição dos padrões de dobragem cortical na média gerada pelo registo multi-estrutura.

> Etiquetas baseadas no trato da substância branca e métricas do tensor de difusão ou modalidades adicionais, tais como imagens funcionais BOLD, imagens ponderadas pela suscetibilidade, imagens de transferência de magnetização ou mapas quantitativos baseados na relaxação. Uma abordagem de análise de reeb unificada multicontraste específica para o problema do registo de imagens de tensores de difusão.

> Regiões de substância branca e ventrículos de todo o cérebro para normalização. A incorporação de múltiplos fluxos de informação melhora o registo.

> A abordagem da utilização da estrutura múltipla segmentações para conduzir o registo local de todo o cérebro mostra pela primeira vez que, como esperado, a incorporação de segmentações individuais no registo melhora ainda mais a precisão do registo local.

3.3.5 Reconstrução de superfícies

A topologia geométrica é uma técnica numérica de rastreio de superfícies e formas inteiras. A vantagem do método do conjunto de níveis é a possibilidade de efetuar cálculos numéricos envolvendo curvas e superfícies numa grelha cartesiana fixa sem ter de parametrizar estes objectos. Uma região delimitada com uma fronteira bem comportada. Por baixo, a superfície vermelha é o gráfico de uma função de conjunto de níveis que determina esta forma, e a região azul plana representa o plano [18]. A fronteira da forma é então o conjunto de nível zero, enquanto a forma propriamente dita é o conjunto de pontos no plano para os quais é positivo (interior da forma) ou zero (na fronteira).

3.4 Arquitetura do sistema

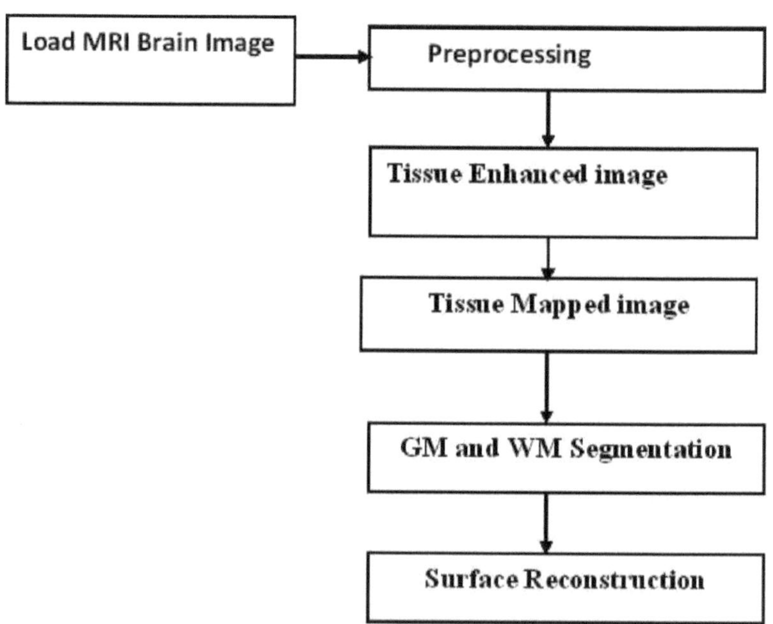

Fig.11 Diagrama de fluxo

3.5 Software
Especificação

HardwareRequerimento:

- Pentium IV - 2.7GHz

- 1GB DDRRAM

- Disco rígido de 250 Gb

- Placa gráfica de 1 GB

Requisito de software:

- Sistema operativo : Windows8

- Ferramenta : MATLAB

- Versão: 7.9

3.6 Descrição do software

> O MATLAB é uma linguagem de computação técnica de alto nível e um ambiente interativo para o desenvolvimento de algoritmos, visualização de dados, análise de dados e computação numérica. Com o MATLAB, os problemas de computação técnica podem ser resolvidos mais rapidamente do que com as linguagens de programação tradicionais, como o C, o C++ e o Fortran.

> O MATLAB é uma ferramenta de análise e visualização de dados que foi concebida com um poderoso suporte para matrizes e operações matriciais. Para além disso, o Matlab tem excelentes capacidades gráficas e a sua própria linguagem de programação. Uma das razões pelas quais o

Matlab se tornou uma ferramenta tão importante é a utilização de conjuntos de programas Matlab concebidos para apoiar uma determinada tarefa. Estes conjuntos de programas são designados por caixas de ferramentas e a caixa de ferramentas que nos interessa em particular é a caixa de ferramentas de processamento de imagem.

> Uma função Matlab é uma palavra-chave que aceita vários parâmetros e produz uma saída, por exemplo, uma matriz, uma cadeia de caracteres ou um gráfico. Exemplos de tais funções são sin, imread, imclose. O tipo de dados padrão do MATLAB é a matriz - todos os dados são considerados matrizes de algum tipo. As imagens são matrizes cujos elementos são os valores de cinzento (ou possivelmente os valores RGB) dos seus pixéis. Os valores individuais são considerados pelo Matlab como matrizes, enquanto que uma cadeia de caracteres é meramente uma matriz de caracteres com o comprimento da cadeia.

> A janela de comando é a janela onde os comandos são introduzidos. Dado o vasto número de funções do MATLAB, e os diferentes parâmetros que podem ser tomados, uma interface de estilo de linha de comando é, de facto, muito mais eficiente do que uma sequência complexa de menus pull-down.

> O MATLAB é utilizado numa vasta gama de aplicações, incluindo processamento de sinais e imagens, comunicações, conceção de controlo, teste e medição, modelação e análise financeira. As caixas de ferramentas adicionais (colecções de funções especiais do MATLAB) alargam o ambiente MATLAB para resolver classes particulares de problemas nestas áreas de aplicação. O MATLAB fornece uma série de funcionalidades para documentar e partilhar o trabalho.

> Quando se trabalha com imagens em Matlab, há muitas coisas a ter em conta, como carregar uma imagem, utilizar o formato correto, guardar os dados em diferentes tipos de dados, como apresentar uma imagem, conversão entre diferentes formatos de imagem.

> A Caixa de Ferramentas de Processamento de Imagem fornece um conjunto abrangente de algoritmos padrão de referência e ferramentas gráficas para processamento de imagem, análise, visualização e desenvolvimento de algoritmos. É possível melhorar a imagem, desfocar a imagem, detetar caraterísticas, reduzir o ruído, segmentar a imagem, efetuar transformações espaciais e registar imagens. Muitas funções da caixa de ferramentas são multithreaded para tirar partido de computadores com vários núcleos e multiprocessadores.

O MATLAB pode importar/exportar vários formatos de imagem:

> BMP (Mapa de bits do Microsoft Windows)

> GIF (Ficheiros de Intercâmbio de Gráficos)

> HDF (Formato de dados hierárquicos)

> JPEG (Joint Photographic ExpertsGroup)

> PCX(Pincel)

> PNG (Portable NetworkGraphics)

> TIFF (Tagged Image File Format)

> XWD (X WindowDump)

> O MATLAB também pode carregar dados brutos ou outros tipos de dados de imagem

3.6.1 Tipos de dados noMATLAB

> Double (ponto flutuante de precisão dupla de 64 bits)

> Simples (ponto flutuante de precisão simples de 32 bits)

> Int32 (número inteiro assinado de 32 bits)

> Int16 (16-bit signedinteger)

> Int8 (8-bit signedinteger)

> Uint32 (número inteiro sem sinal de 32 bits)

> Uint16 (número inteiro sem sinal de 16 bits)

> Uint8 (número inteiro sem sinal de 8 bits)

3.6.2 Imagens em MATLAB:

> Imagens binárias :{0,1}

> Imagens de intensidade : [0,1] ou uint8, doubleetc.

> Imagens RGB: m por n por 3

> Imagens indexadas: mapa de cores m-by-3

> Imagens multidimensionais m por n por p (p é o número de camadas)

3.7 Tipos de imagem noMATLAB

Fora do MATLAB, as imagens podem ser de três tipos: preto e branco, escala de cinzentos e coloridas. No Matlab, no entanto, existem quatro tipos de imagens. As imagens a preto e branco são chamadas imagens binárias, contendo 1 para branco e 0 para preto. As imagens de escala de cinzentos são chamadas imagens de intensidade, contendo números no intervalo de 0 a 255 ou 0 a 1. As imagens coloridas podem ser representadas como imagens RGB ou imagens indexadas.

Nas imagens RGB existem três imagens indexadas. A primeira imagem contém toda a parte vermelha da imagem, a segunda a parte verde e a terceira a parte azul. Assim, para uma imagem de tamanho 640 x 480, a matriz será 640 x 480 x 3. Um método alternativo de representação de imagens coloridas é a imagem indexada. Na verdade, existem duas matrizes, nomeadamente a matriz de imagem e a matriz de mapa.

A cada cor da imagem é atribuído um número de índice e na matriz da imagem cada cor é representada por um número de índice. A matriz de mapas contém a base de dados sobre qual o número de índice que pertence a cada cor.

3.7.1 Conversão do tipo de imagem

> Imagem RGB para imagem de intensidade (rgb2gray)

> Imagem RGB para imagem indexada (rgb2ind)

> Imagem RGB para imagem binária (im2bw)

> Imagem indexada para imagem RGB (ind2rgb)

> Imagem indexada para imagem de intensidade (ind2gray)

> Imagem indexada para imagem binária (im2bw)

> Imagem de intensidade para imagem indexada (gray2ind)

> Imagem de intensidade para imagem binária (im2bw)

> Imagem de intensidade para imagem RGB (gray2ind,ind2rgb)

CAPÍTULO 4

4. Resultados e debate

> A reconstrução bem sucedida das superfícies corticais requer o desenvolvimento de um sistema de análise de imagem complexo que inclua passos de pré-processamento, tais como a correção da falta de homogeneidade, o registo não linear, a remoção do crânio e a classificação dos tecidos. Apesar de terem sido efectuadas diferentes combinações de métodos de pré-processamento em vários sistemas, uma escolha popular para a formação de superfícies é a reconstrução de uma superfície lisa da substância branca, que representa a fronteira entre a substância branca e a substância cinzenta, com uma topologia correta, e depois deformada para encontrar a superfície da substância branca que representa a fronteira entre a substância branca e o líquido cefalorraquidiano.No entanto, devido à resolução limitada da imagem, a falhas parciais nas etapas de pré-processamento ou à variabilidade anatómica na população, ocorrem frequentemente anomalias geométricas, como picos espúrios, e anomalias topológicas, como alças e túneis, durante o processo de reconstrução da superfície. Para construir representações de superfície de alta qualidade dos limites do tecido, o desafio é a remoção de ambos os tipos de outliers sem sacrificar a exatidão [16].

> Os valores anómalos geométricos e topológicos foram tratados separadamente

em trabalhos anteriores. Para evitar os outliers geométricos na superfície reconstruída, a regularização da suavidade foi aplicada globalmente

juntamente com os termos de dados na evolução da superfície. Este método baseado na regularização tem, no entanto, dois problemas. Em primeiro lugar, apenas ajuda, mas não garante que a ocorrência de outliers geométricos possa ser evitada, o que pode dever-se a fugas para áreas não corticais não removidas pelo skullstripping. Em segundo lugar, pode ocorrer encolhimento, especialmente em regiões sulcais profundas, porque a regularização é aplicada em   todo o
Isto pode afetar a precisão das medições da espessura cortical e levar a uma diminuição do poder da análise estatística.

> Existem principalmente duas abordagens diferentes para a deteção e correção de anomalias topológicas. A primeira abordagem funciona no espaço de voxel e utiliza a análise gráfica e as operações morfológicas para a análise da topologia; no entanto, as decisões de corte são tomadas apenas de acordo com o tamanho geométrico dos ramos anómalos. A segunda abordagem utiliza a representação em malha triangular da superfície e detecta os anómalos topológicos a partir de triângulos sobrepostos após o mapeamento da superfície para a esfera. A desvantagem desta abordagem é que depende do mapeamento esférico para a deteção de anomalias, o que é computacionalmente dispendioso e não é adequado para superfícies complicadas com um grande número de pegas e túneis [15].

> O núcleo do sistema é uma abordagem unificada para a correção de anomalias geométricas e topológicas com base na geometria intrínseca.

Imagens de entrada sintéticas de RMN

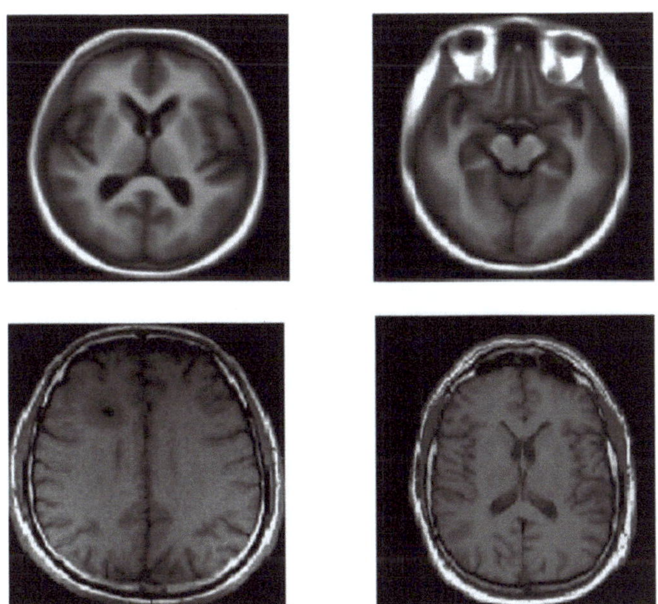

Fig.12.(1)(Superior esquerdo),(2)(Superior direito),(3)(Inferior Esquerda),(4)(Fundo à direita)

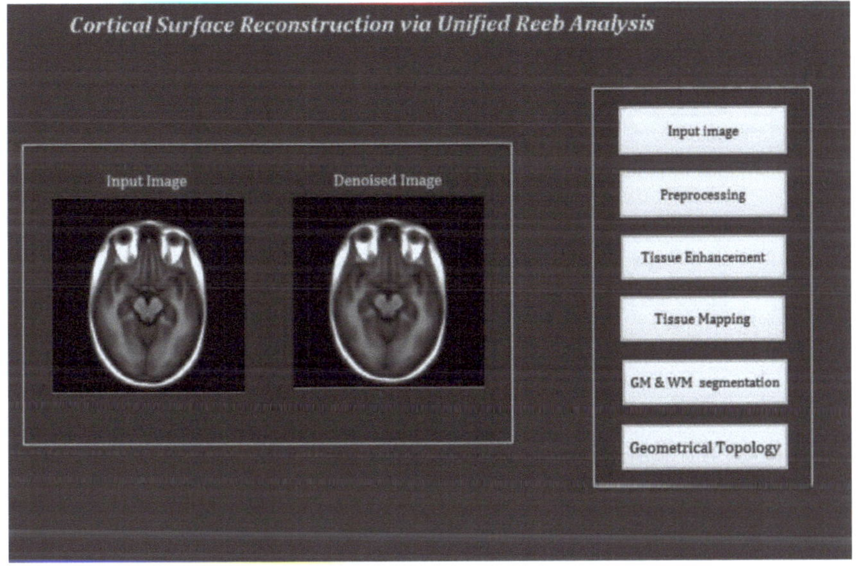

Fig.13 GUI para a reconstrução da superfície cortical

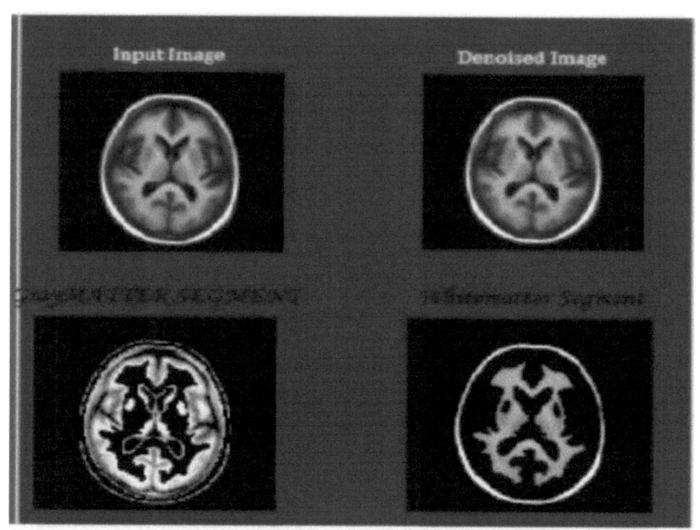

Fig.14 (a)Imagem de entrada1 (canto superior esquerdo), (b)Imagem sem ruído (canto superior direito) (c)Segmento GM (canto inferior esquerdo), (d)Segmento WM (canto inferior direito)

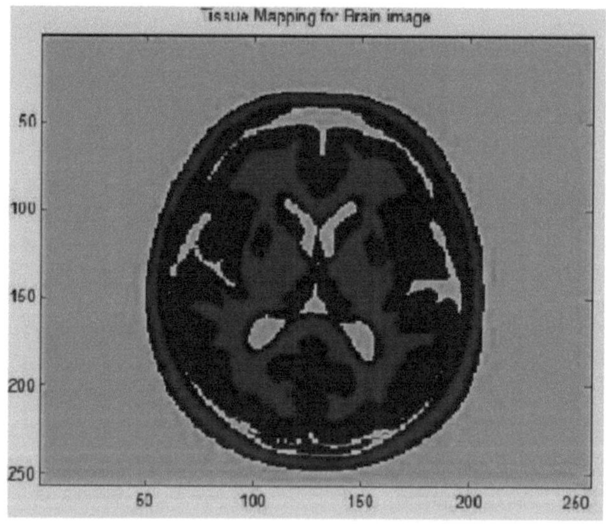

Fig.15 Mapeamento de tecidos para a imagem de entrada 1

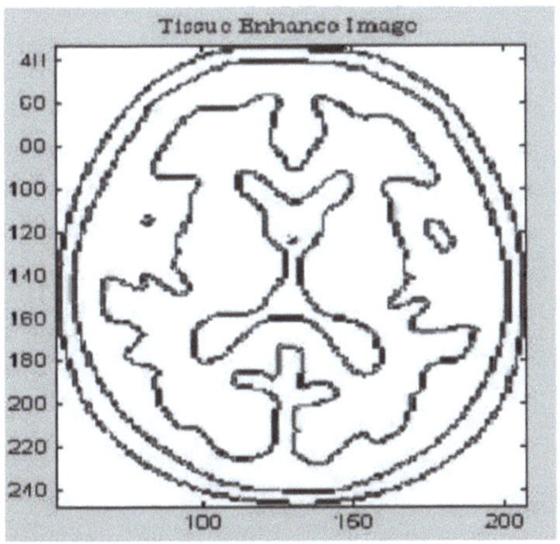

Fig.16 Realce de tecido para a imagem de entrada 1

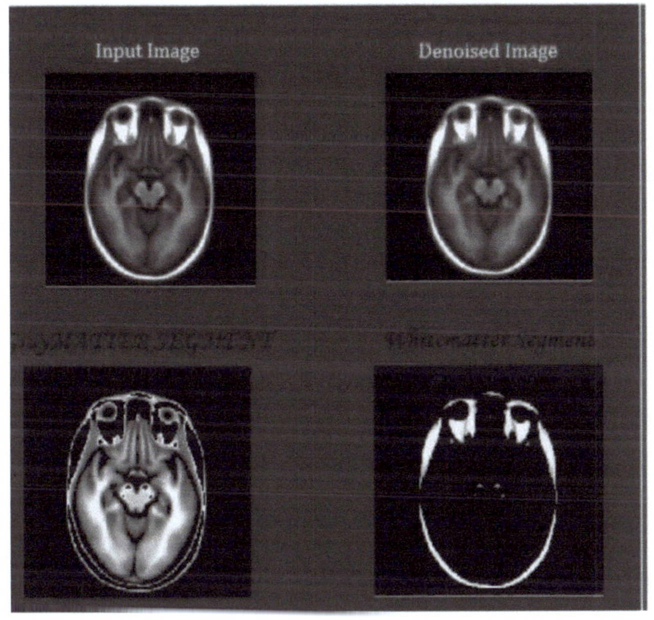

Fig.17 (a) Imagem de entrada 2 (em cima à esquerda), (b) Imagem sem ruído (em cima à direita), (c) Segmento GM (em baixo à esquerda), (d) Segmento WM (em baixo à direita)

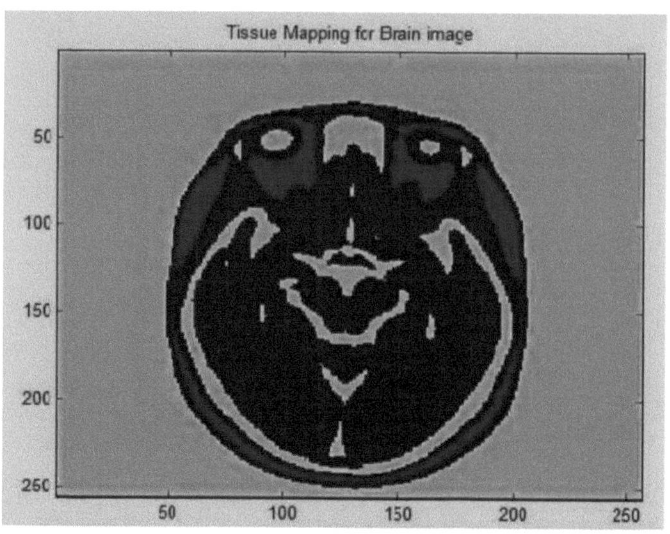

Fig.18 Mapeamento de tecidos para a imagem de entrada 2

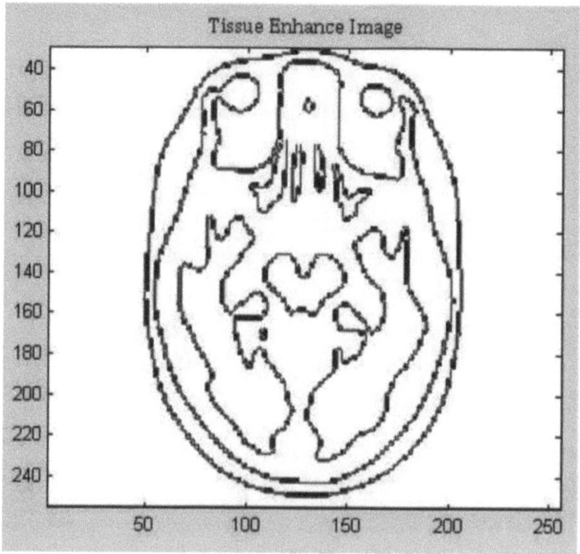

Fig.19 Realce de tecido para a imagem de entrada 2

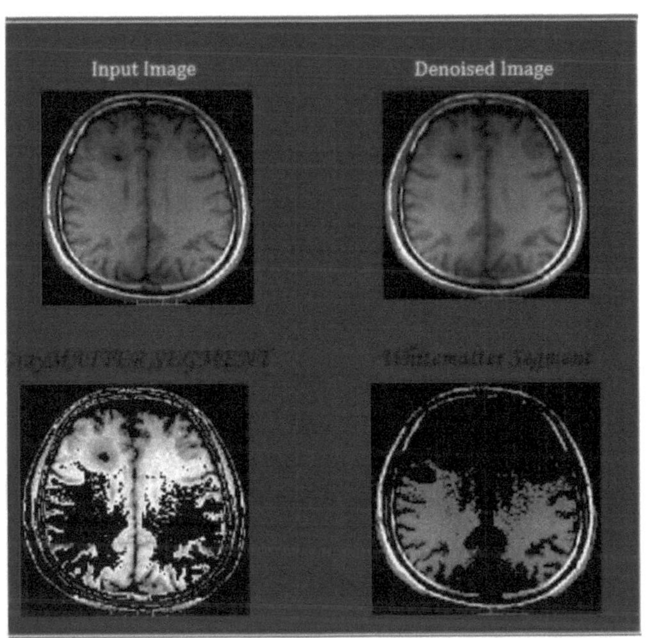

Fig.20 a) Imagem de entrada 3 (em cima, à esquerda),(b) Imagem sem ruído (em cima, à direita), (c) Segmento GM (canto inferior esquerdo),(d) WM Segmento (canto inferior direito)

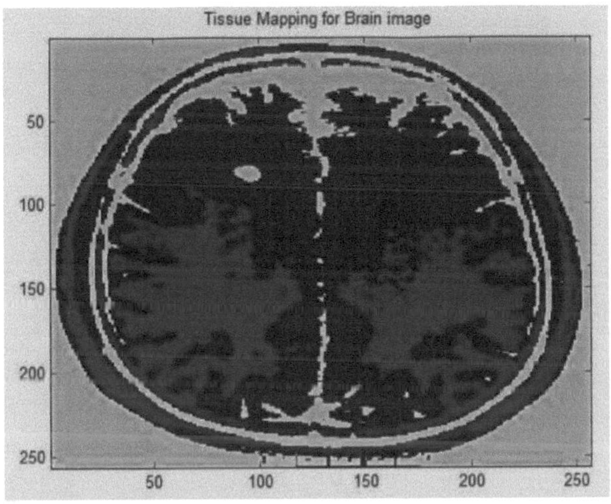

Fig.21 Mapeamento de tecidos para a imagem de entrada 3

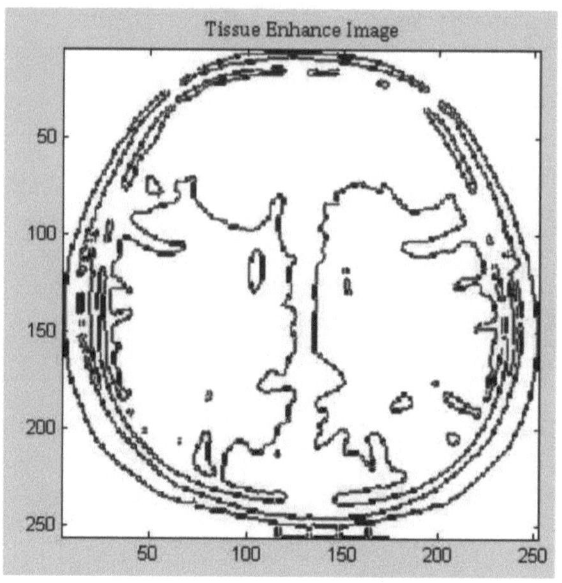

Fig.22 Realce de tecido para a imagem de entrada 3

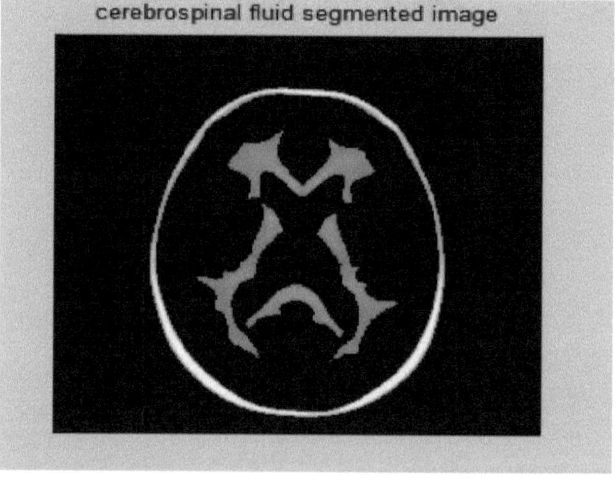

Fig.23 Segmentação CSF para InputImage1

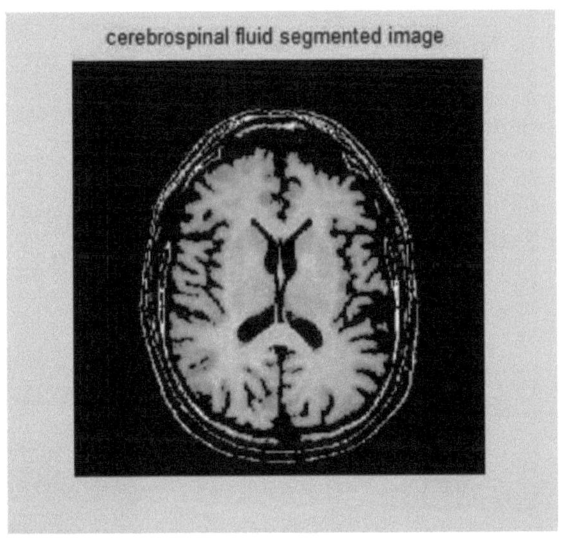

Fig.24 Segmentação CSF para InputImage4

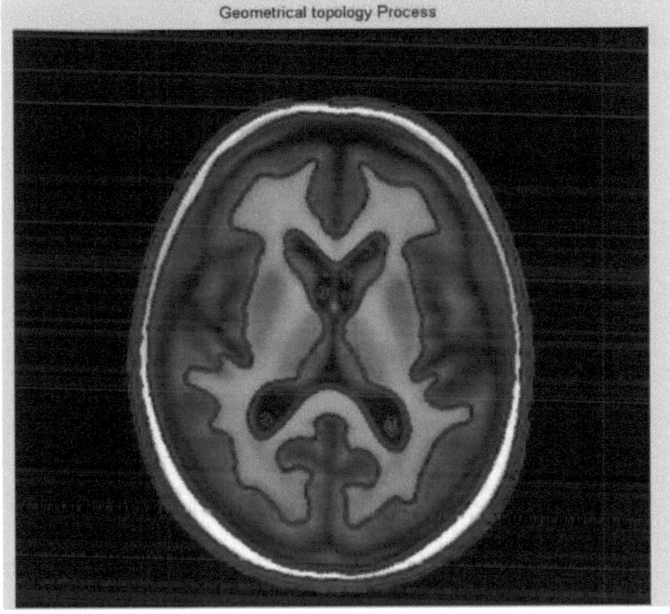

Fig. 25 Saída da topologia geométrica processada para Imagem de entrada 1

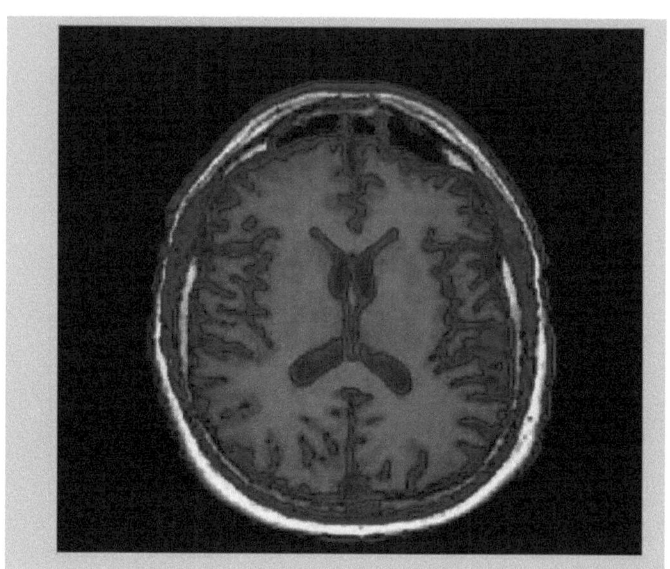

Fig.26 Saída da topologia geométrica processada para Imagem de entrada 4

CAPÍTULO 5

5.1 Conclusão

Esta abordagem desenvolveu um novo sistema para a reconstrução cortical automática a partir de imagens de RM ponderadas em T1. É demonstrado que o sistema é capaz de gerar superfícies de alta qualidade com um custo computacional muito reduzido quando comparado com o FreeSurfer. A abordagem unificada apresentada neste trabalho para a análise de estruturas geométricas e topológicas, embora desenvolvida no contexto da reconstrução cortical, é geral e aplicável a outros problemas de análise de imagens médicas. Este trabalho centra-se na reconstrução das superfícies da substância branca e do músculo cardíaco. Há também um interesse considerável na obtenção de uma superfície cortical central a partir de imagens de RM como uma representação equilibrada das superfícies da substância branca e do músculo cardíaco. Para atingir este objetivo, podem ser seguidas duas abordagens diferentes. Utilizando as superfícies reconstruídas da substância branca e da substância branca do GM, pode ser desenvolvido um algoritmo de evolução da superfície para fazer evoluir a superfície da substância branca para o meio do tecido do GM. A abordagem de análise da forma é utilizada para encontrar a superfície cortical central.

Esta abordagem desenvolveu um método de mapeamento de superfícies intrínseco que pode fazer evoluir a superfície da substância branca e da superfície do corpo humano uma em direção à outra num espaço de incorporação de elevada dimensão, optimizando as suas métricas conformacionais. Ao estabelecer correspondências um-para-um entre a superfície da substância branca e do corpo humano com este algoritmo de mapeamento intrínseco, podemos calcular a superfície cortical central como a forma média da superfície da substância branca e do corpo humano. A utilização do mapa um-para-um entre as superfícies da substância branca e da substância branca GM desenvolveu um método mais robusto para calcular a espessura cortical do que a utilização da transformada de distância da superfície da substância branca, que pode resultar numa possível subestimação da espessura no caso extremo de bancos de células vizinhas com uma espessura muito irregular.

5.2 Trabalho futuro

Em trabalhos futuros, iremos também efetuar validações mais extensas em dados de uma vasta gama de estudos de neuroimagem e alargar o sistema à reconstrução consistente de superfícies em dados de estudos longitudinais.

As tarefas de processamento de imagens são computacionalmente intensivas devido à grande quantidade de dados que requerem o processamento de mais de sete milhões de pixéis por segundo para fontes de imagens típicas. Para acompanhar este ritmo, é necessário efetuar uma gestão de dados cuidadosa e criativa. Os FPGA (Field Programmable Gate Array) são uma das alternativas que oferecem uma plataforma de computação personalizada, suficientemente flexível e rápida para que os novos algoritmos possam ser implementados no hardware existente. A flexibilidade e a funcionalidade fazem da lógica programável uma escolha acertada para aplicações de imagiologia médica de computação intensiva. O equipamento de imagiologia médica continua a assumir um papel cada vez mais crítico nos cuidados de saúde. As modalidades de imagiologia existentes estão a melhorar a sua funcionalidade atual e a expandir-se para novas aplicações. Para atender aos requisitos, os projetos de sistemas devem ser flexíveis para acomodar modificações, com foco na melhoria do valor da imagem diagnóstica, na conveniência do paciente e na redução de custos. Para fornecer a funcionalidade necessária, os criadores de sistemas estão a recorrer a dispositivos lógicos programáveis.

O diagnóstico e o tratamento mais precoces estão a impulsionar a utilização de modalidades de imagiologia e a fusão de modalidades mistas, como a tomografia por emissão de positrões (PET) e a tomografia computorizada. As resoluções de imagem mais elevadas necessárias requerem detectores de microarranjos de geometria fina associados a sistemas sofisticados de software/hardware para a análise de sinais fotónicos e electrónicos. Estes sistemas devem proporcionar um processamento altamente preciso e extremamente rápido de quantidades cada vez maiores de dados de imagem (até 10 Gbits/s). Além disso, para reduzir os custos dos pacientes, o equipamento está sob pressão de custos e deve ter uma vida útil mais longa. Isto exige sistemas mais flexíveis, com a capacidade de atualizar as caraterísticas dos dados e os algoritmos ao longo da vida útil do equipamento. Cada vez mais, os engenheiros são obrigados a utilizar componentes programáveis, como unidades centrais de processamento (CPU) de alta potência e matrizes de portas programáveis em campo (FPGA).

Devem ser considerados vários factores no desenvolvimento de equipamento de imagiologia médica eficiente e flexível:

- O desenvolvimento de algoritmos de imagem requer ferramentas de modelação intuitivas de alto nível para melhorias contínuas no processamento digital de sinais (DSP).

- As necessidades de desempenho para a análise quase em tempo real exigem plataformas de sistema que se adaptem tanto ao software (CPUs) como ao hardware (lógica configurável).

- Os arquitectos de sistemas e os engenheiros de conceção precisam de particionar e depurar rapidamente os algoritmos nestas plataformas, utilizando as mais recentes ferramentas e bibliotecas de propriedade intelectual (PI) para acelerar a sua implementação e melhorar a rentabilidade.

REFERÊNCIAS

[1] Bryan R. N. e Davatzikos .C, (1996) -Usando um modelo de superfície deformável para obter uma representação da forma do córtex,! IEEE Trans. Medical Imaging.

[2] Carman G. J, Drury H. A., and. Van Essen D. C,(1995) "Computational methods for reconstructing and unfolding the cerebral cortex", CeberalCortex.

[3] Chen yang Xu, Dzung.L.Pham, Maryam Rettmann.E, (2009) "Reconstuction of the Human erebral Cortex from MR Images", IEEE Transaction on Medical Imaging.

[4] Cohen, (1992) Quantitative methods in psychology: A power primer,Psy- chol. Bull", vol. 112, no. 1, pp. 155-59.

[5] Dale A. M, Fischl.B, andM. Sereno.I, (1999) -Cortical surface-based analysis I: Segmentação e reconstrução de superfícies, NeuroImage, vol. 9, pp. 179-194.

[6] Dinovetal.I (2009), Efficient, distributed and interactive neuroimaging data analysis using the LONI Pipeline, Front. Neuro inform.

[7] DuPont e Plummer, (1990) "Power and sample size calculations: A review and computer program", Control. Clin. Trials, vol. 11, pp. 116-28.

[8] Ellen Grant.p, Yuan Qi, Xiao Han (2007) -Cortical Surface Shape Analysis Based on Spherical Wavelets II, IEEE Transactions on Medical Imaging.

[9] FlorentSegonee, Jenni Pacheco, e Bruce Fischl (2001) "Geometrically Accurate Topology-Corretion of Cortical Surface using Non seperating LoopsI.

[10] Han et al(2004), -CRUISE: Cortical reconstruction using implicit surface evolution, NeuroImage, vol. 23, pp. 997-1012.

[11] Kevin P. Hinshaw, Andrew Poliakov .V, Moore, (2001) -
       ShapeBasedCortical   Surface Segmentation for
       Visualização Mapeamento do cérebro.

[12] Kim J.S et al, (2005) -Automated 3-D extraction and evaluation of the inner and outer cortical surfaces using a Laplacian map and partial volumeeffect classification,II NeuroImage, vol. 27, pp. 210-221.

[13] MacDonald.D, (1998) -A method for identifying geometrically simple
Surfaces from three dimensional images, dissertação de doutoramento, Universidade McGill, Montreal, Canadá.

[14] Mangin et al (1995), -De imagens de ressonância magnética 3D a representações estruturais da topografia do córtex utilizando deformações

que preservam a topologia, J. Math. Imag. Vis., vol. 5, no. 4, pp. 297-318.

[15] Miller.M.I, Massie.A.B, Ratnanather.J, Botteron K.N, and sernansky,(2000), "Bayesian construction of geometrically based cortical thickness metrics",Neuro Image, vol. 12, no. 6, pp. 676687.

[16] Rafael C.Gonzalez, -Processamento de Imagem Digital-Usando MATLAB.

[17] Roberto Toro e Yuves-Burnod (2003), -Geometric Atlas: Modelação.

[18] Sethian.J, (1996) "A fast marching level set method for monotonically ad-vancing fronts", Proc. Nat. Acad. Sci., vol. 93, no. 4, pp. 1591-1595.

[19] Shattuck.D e Leahy.R,(2002) -BrainSuite: Uma ferramenta de identificação automática da superfície cortical,! Med. Image. Anal., vol. 8, no. 2, pp. 129-142.

[20] Xue.H, Srinivasan.L, Jiang.S, Rutherford.M, Edwards.A.D, Rueckert.D, e Hajnal J.V, (2007) -Automatic segmentation and reconstruction of the cortex from neonatal MRI,! NeuroImage, vol. 38, no. 3, pp. 461-477.

[21] E.Udayakumaret a., (2017) "Uma análise unificada de Reeb para reconstrução de superfície cortical de imagens de ressonância magnética",

Biomedical and Pharmacology Journal, Oriental Scientific Publishing Company, Vol 10, Issue 2, pp. 939-945.

[22] E.Udayakumar e et a., (2016) "Segmentação de imagem de crescimento de região para ressonância magnética do cérebro de recém-nascidos", BioTechnology: Um Jornal Indiano, Trade Science Inc Journals,Vol 12, Issue 12, pp.1-

8.

[23] E.Udayakumar e et a., (2015) "Certain Investigation on Pathologies in Brain Images Using MRI Slicing", Middle-East Journal of Scientific Research, IDOSIPublications, Vol 23, No 6, pp. 1076-1084.

Printed by Books on Demand GmbH, Norderstedt / Germany